EXAMEN LÉGAL

SUR LA QUESTION

DES RECENSEMENTS

PAR

H^Y TOURNADRE DE NOAILLAT

AVOCAT A LA COUR ROYALE DE PARIS.

PARIS

A LA LIBRAIRIE DE JURISPRUDENCE DE DELAMOTTE

Place Dauphine, n°s 26 et 27

Et aux Bureaux du Journal des Conseillers Municipaux

Rue Neuve-des-Petits-Champs, 79

1841

Paris. — Imprimerie PANCKOUCKE, rue des Poitevins, 14.

AVANT-PROPOS.

Paris, ce 16 août 1841.

Les diverses opérations de recensement auxquelles il est procédé depuis quelque temps sur toute la surface de la France ont soulevé des questions et excité des récriminations auxquelles on ne pouvait raisonnablement s'attendre. De la discussion on en est venu aux voies de fait, aux émeutes, et les passions politiques se sont emparées de l'agitation des esprits pour les égarer et les pousser à des partis extrêmes.

Les corps municipaux surtout se sont émus par l'idée fausse qu'on empiétait sur leurs attributions. Un recueil fort utile, le *Journal des Conseillers municipaux*, qui, depuis sa fondation (1833), a rendu de grands services en éclairant ses nombreux lecteurs sur les matières administratives et municipales objet de sa publication, a été consulté de toutes parts sur la légalité des opérations de recensement : un grand nombre de Conseils municipaux, ses abonnés, ont sollicité ses avis en manifestant l'intention de suivre la marche qui leur serait tracée par son Conseil de consultation (1).

Placé par la confiance des membres de la Société municipale à la tête de la rédaction du *Journal des Conseillers municipaux*, j'ai cru devoir réunir en un seul corps et les principes de doctrine émis depuis longtemps par les jurisconsultes qui concourent à sa rédaction, et le résultat de mes propres études sur cette question si pleine d'actualité, si facile à décider, et que l'on obscurcit avec une si aveugle obstination. Selon moi, c'est faire acte de bon citoyen que d'éclairer l'opinion publique qui s'égare, et il faut savoir mettre du courage à défendre le pouvoir qui a raison, comme à le combattre quand il a tort. Malheureusement l'esprit d'opposition incrusté dans nos mœurs fait mal accueillir toutes les explications qui viennent des organes du Gouvernement. C'est un tort, quand ces explications sont bonnes ; mais enfin, cela est. Au contraire, une voix étrangère au pouvoir, impartiale et indépendante de toute préoccupation, peut obtenir plus de créance. J'ai donc laissé de côté la politique, qui n'est pas de mon domaine ; j'ai écrit comme légiste, et je désire que ceux qui liront ce petit opuscule sachent bien qu'il n'a été inspiré que par l'envie d'être utile et par l'amour de la vérité.

---

(1) L'un des membres du Conseil de consultation du *Journal des Conseillers municipaux*, M. Chasles, député et maire de la ville de Chartres, a discuté récemment cette question au sein du Conseil municipal avec autant de bonheur que de talent. Le Conseil municipal a adopté avec empressement l'opinion de l'honorable magistrat, et voulu consigner sur le registre des délibérations son approbation formelle des recensements et de leur légalité.

CHAPITRE PREMIER

Des Impôts, de leur Répartition [1] **et de leur Assiette.**

Au nombre des connaissances les plus utiles à tout citoyen, il faut compter, sans contredit, ce qui a rapport aux *Impôts* ou *Contributions publiques*.

Non-seulement les impôts en général sont indispensables, dans l'état actuel de la fortune publique, à la marche du Gouvernement, qui, sans eux, destitué de ses *voies et moyens*, deviendrait impossible; mais encore, dans notre organisation constitutionnelle, l'impôt *direct*, comme base de tous les droits politiques, acquiert une importance toute spéciale.

Examinons donc, en peu de mots :

1°. Les diverses natures d'impôts;
2°. Les règles de leur répartition;
3°. Les bases de leur assiette et de leurs variations.

---

(1) Cette matière a été traitée par le *Journal des Conseillers municipaux*, dans la livraison d'octobre 1835, 3° année, t. III, p. 65.

§ 1ᵉʳ. Diverses natures des impôts.

On peut envisager les impôts sous plusieurs aspects différents : ils sont *directs*, ou *indirects ;* de *répartition*, ou de
quotité.

L'impôt *direct* atteint le revenu foncier, mobilier, industriel,
au moyen d'un rôle annuel nominatif, où chaque citoyen contribuable est inscrit pour une part proportionnelle à ses facultés : il frappe *directement* les personnes et les propriétés.

L'impôt *indirect* s'adresse à la consommation : il frappe certaines denrées ou marchandises au moyen de tarifs arrêtés
d'avance, mais à des époques de recouvrement irrégulières ;
car il ne se perçoit qu'au fur et à mesure de la consommation.

L'impôt de *répartition* est celui dont la somme totale, fixée
d'avance par les Chambres, est distribuée proportionnellement
entre les contribuables, à l'aide des procédés administratifs
dont nous parlerons plus bas.

L'impôt de *quotité*, au contraire, est celui dont la somme
totale n'est pas fixée d'avance, mais se compose des cotisations
fournies par chaque contribuable dans des proportions et d'a-
près des tarifs déterminés par des lois.

Ainsi, dans l'impôt de *répartition*, le produit est certain, déterminé, fixé à l'avance par les Chambres dans la loi du
budget ; mais la part de chaque contribuable est incertaine et
indéterminée jusqu'après la *répartition* qui la fixe. Dans l'impôt de *quotité* c'est la part du contribuable qui est fixée tout
d'abord, et c'est le produit total qui reste indéterminé jusqu'après la *perception*.

Il y a cinq espèces d'impôts *directs*, dont trois de *Répartition*, savoir : l'impôt *foncier*, l'impôt *personnel et mobilier*, l'impôt des *portes et fenêtres;* et deux de *Quotité*, qui sont : l'impôt des *patentes*, et les *redevances sur les mines*.

Les impôts *indirects* ne peuvent guère être énumérés : nous nous bornons à indiquer les principaux, qui sont : l'impôt sur les boissons, l'impôt sur les sels, l'impôt sur les tabacs, l'impôt sur les poudres, l'impôt des douanes, l'enregistrement, qui comprend les droits de timbre, de greffe et d'hypothèques. Tous ces impôts sont de *Quotité*.

§ 2. Répartition des impôts entre les départements, les arrondissements et les communes.

Chaque année, dans la loi du budget, les Chambres fixent le chiffre des impôts de *répartition*, c'est-à-dire des contributions *foncière, personnelle et mobilière*, et *des portes et fenêtres*. En même temps elles en font la répartition entre les départements, au moyen d'états ou tableaux annexés au budget des recettes.

Le Conseil général de chaque département opère la répartition entre les divers arrondissements, à l'époque de sa session annuelle. Pour faciliter ce travail, le Préfet, auquel ont été transmises, depuis la session précédente, les demandes en réduction formées par les communes, et les observations que les Conseils d'arrondissement ont dû faire sur ces demandes, prépare quelque temps à l'avance tous les documents relatifs à la répartition. De plus, aux termes de la loi du 21 août 1832, le Directeur des contributions est tenu de former chaque année deux tableaux, l'un présentant par arrondissement et par commune le nombre des individus passibles de la *taxe personnelle,* et *le montant de leurs valeurs locatives d'habitation;* l'autre présentant pour l'impôt des portes et fenêtres, 1° le nombre des ouvertures imposables des différentes classes, 2° le produit des taxes d'après le tarif, 3° le projet de répartition. A l'aide des renseignements ainsi fournis et par le Préfet, et par le Directeur des contributions, le conseil général dresse les tableaux de répartition entre les arrondissements.

Vient ensuite le tour du Sous-Préfet et du conseil d'arrondissement pour la répartition entre les communes. Les mêmes éléments et documents que ci-dessus sont employés, et le contingent à fournir par chaque commune pour chaque nature de contributions est arrêté par le conseil d'arrondissement.

C'est alors que commence le travail de la *répartition individuelle* entre les contribuables de chaque commune. Cette opération est faite par des *commissaires répartiteurs,* qui sont : le Maire, l'Adjoint, et cinq contribuables choisis par le Sous-Préfet, dont deux au moins non domiciliés dans la commune.

Le conseil de répartition est assisté du contrôleur des contributions directes : il rédige la matrice du rôle des contributions foncière, personnelle et mobilière, et de celle des portes et fenêtres. Il tient, en outre, un état annuel des mutations survenues pour cause de décès, de changement de résidence, de diminution ou de changements de loyers.

Les répartiteurs ont donc *seuls* la mission de distribuer, entre les contribuables de leur commune, chaque nature de contribution, et en cela, ils doivent suivre des règles de justice et de proportion, et observer les prescriptions des lois de finances pour l'assiette de l'impôt. C'est pour les guider dans cette application de lois qui ne leur sont pas toujours familières, que le législateur leur adjoint comme conseil le contrôleur, qui doit leur apporter les lumières d'une expérience spéciale. Il n'entre pas dans notre plan ici de donner de plus amples détails sur la répartition communale : qu'il nous suffise de dire que le contribuable qui se trouve mal taxé peut se pourvoir, et faire modifier la décision prise à son égard.

Examinons maintenant sur quelles espèces d'impôts opèrent les répartiteurs communaux.

§ 3. Assiette des divers impôts directs. Causes de variation.

1°. *Contribution foncière.*

La contribution foncière est assise par égalité proportionnelle sur toutes les propriétés foncières bâties et non bâties. C'est un prélèvement opéré sur le *revenu net* de cette nature de propriété : on entend par *revenu net,* ce qui reste au propriétaire, déduction faite sur le produit brut de tous les frais de production et d'entretien. Ce *revenu imposable* est calculé sur un certain nombre d'années. (Loi du 3 frim. an VII, art. 3 et 4.) On est arrivé à l'égalité proportionnelle dans la répartition de l'impôt foncier, par le *cadastre parcellaire;* cette opération consiste à lever le plan de chaque *parcelle* ou portion de terre distincte de celles qui l'avoisinent, soit par la différence des propriétaires, soit par la diversité des cultures, et à lui donner une estimation d'après le prix moyen des autres propriétés de même nature, dans la même localité. Par le cadastre, l'étendue de chaque parcelle est déterminée par des hommes spéciaux, au moyen d'opérations géométriques : sa valeur par rapport aux autres propriétés est fixée par le conseil municipal et ses délégués : il devient donc très-facile, quand le contingent annuel de la contribution foncière pour la commune a été arrêté par le conseil d'arrondissement, de le répartir proportionnellement entre tous les propriétaires (1).

2°. *Contribution personnelle et mobilière.*

La contribution personnelle et mobilière est due par chaque habitant français et par chaque étranger de tout sexe, jouissant de ses droits, non réputé indigent, et domicilié dans la commune depuis un an.

Elle provient de deux sources : la *taxe personnelle*, égale pour tous les contribuables du royaume; qui se compose de la valeur de trois journées de travail d'après le prix moyen de cette journée, fixé pour chaque commune du département et chaque année par le conseil général; la *taxe mobilière*, qui se détermine pour chaque contribuable d'après le loyer de son habitation personnelle.

La taxe mobilière est proportionnelle à la valeur locative de l'habitation *personnelle* (2) du contribuable et de sa famille et cette proportion résulte de la masse des loyers d'habitation comparée à la partie du contingent de la commune restant à répartir, déduction faite du montant des taxes personnelles.

Quant à l'indigence, c'est au conseil municipal qu'il appartient de la constater. Chaque année le travail des répartiteurs

---

(1) Pour les opérations du cadastre, voyez la loi du 31 juillet 1821, l'ordonnance du 3 octobre et l'instruction du 12 octobre 1821.

(2) Après avoir plusieurs fois changé de bases, la taxe mobilière depuis la loi du 23 juillet 1820, est assise exclusivement sur *les valeurs locatives d'habitation.*

lui est soumis, et il désigne les habitants qu'il croit devoir exempter de toute cotisation, et ceux qu'il juge convenable de n'assujettir qu'à la cote personnelle.

Ainsi donc, lorsque est intervenue la délibération du conseil d'arrondissement qui fixe à *tant....* le contingent d'une commune dans la contribution personnelle et mobilière, les répartiteurs, après avoir prélevé le montant de la taxe personnelle (ce qui s'opère en multipliant le nombre des habitants contribuables par trois journées de travail), distribuent le surplus entre les habitations, proportionnellement à leurs valeurs de location respectives (1).

C'est aux commissaires répartiteurs qu'il appartient de déterminer la valeur locative de l'habitation des contribuables, et ils ne doivent comprendre dans l'évaluation des loyers, que les parties de bâtiments consacrées à l'habitation personnelle, et non les usines, magasins, ateliers, etc., etc., pour lesquels le contribuable paye une patente.

Au reste, les villes qui ont un octroi peuvent pourvoir à tout ou partie de la contribution personnelle et mobilière qui leur est demandée, en la remplaçant par un prélèvement sur les produits de l'octroi, et cela par une délibération du conseil municipal, laquelle a besoin d'être homologuée par une ordonnance royale (2).

---

(1) Par exemple, soit 10,000 fr. le contingent attribué à une commune dans la contribution personnelle et mobilière, et 1,000 le nombre des contribuables inscrits sur les rôles. Si le prix de la journée de travail a été fixée par le conseil général à 1 fr., on aura pour le montant de la taxe personnelle 1,000 multiplié par 3, ou 3,000 fr., il restera donc 7,000 fr. imputables sur la contribution mobilière et qui devront nécessairement être fournis par elle : pour les obtenir, on fera la somme des valeurs locatives constatées sur la matrice du rôle ; soit 70,000 fr. Puis l'on établira la proportion. Ainsi, dans l'espèce, chaque loyer contribuera pour un dixième de sa valeur.

(2) Loi du 21 avril 1832, article 20.

3°. *Contribution des portes et fenêtres.*

Cet impôt, créé par la loi du 4 frimaire an VII, à l'époque des embarras financiers du Directoire, était d'abord impôt de *quotité*. Mais on s'aperçut qu'il tendait à décroître sous l'influence de ce mode de perception, parce que l'intérêt privé supprimait les ouvertures imposables ou en réduisait le nombre dans les constructions nouvelles. En conséquence, la loi du 13 floréal an X le transforma en impôt de *répartition*. Une nouvelle tentative en faveur du premier mode a été faite en 1831 par la loi des finances du 26 mars, en même temps que l'on séparait la *taxe personnelle* de la *contribution mobilière*, pour en faire un impôt de *quotité* distinct. Ces deux essais eurent même fortune ; et la loi du 21 avril 1832 a rétabli pour l'un et l'autre impôt, le système de la répartition sous l'empire duquel nous sommes aujourd'hui. Ce système, au surplus, est mixte et présente un double caractère. Il se rapproche de l'impôt de *quotité* en ce que la loi établit un tarif proportionné à la population de la commune, au nombre des ouvertures, à l'étage auquel elles sont placées. Il se rapproche de l'impôt de *répartition* en ce que le montant total de la contribution est fixé d'avance par le budget des recettes et qu'il doit être atteint nécessairement. Si l'application du tarif ne suffit pas pour compléter la somme à fournir, il y a lieu à une augmentation au prorata sur chacun des chiffres portés au tarif (1) ; si, au contraire, l'application du tarif dépassait le contingent, il y au-

---

(1) Si, par exemple, en appliquant le tarif à toutes les maisons de la commune, on obtient une somme inférieure d'un dixième au contingent que la commune doit fournir pour la contribution des portes et fenêtres, la taxe fixée par le tarif, pour chaque ouverture, devra être augmentée d'un dixième.

raît lieu à une réduction proportionnelle sur le tarif que nous reproduisons ici :

POPULATION des VILLES ET COMMUNES.	POUR LES MAISONS A					POUR LES MAISONS A 5 OUVERTURES ET AU-DESSUS.		
	1 ouverture.	2 ouvertures.	3 ouvertures.	4 ouvertures.	5 ouvertures.	Portes cochères, charretières et de magasin.	Portes ordinaires et fenêtres jusqu'au 2ᵉ étage inclusiv[t].	Fenêtres des étages supérieurs.
habitants.	fr. c.	fr. c.	fr. c.	fr. c.	fr. c.	fr. c.	fr. c.	fr. c.
Au-dessous de 5,000	0 30	0 45	0 90	1 60	2 50	1 60	0 60	0 60
De 5,000 à 10,000	0 40	0 60	1 35	2 20	3 25	3 50	0 75	0 75
De 10,000 à 25,000	0 50	0 80	1 80	2 80	4 00	7 40	0 90	0 75
De 25,000 à 50,000	0 60	1 00	2 70	4 00	5 50	11 20	1 20	0 75
De 50,000 à 100,000	0 80	1 20	3 60	5 20	7 00	15 00	1 50	0 75
Au-dessus de 100,000	1 00	1 50	4 50	6 40	8 50	18 80	1 80	0 75

On voit par ce tableau, que le recensement de la population exerce une certaine influence sur l'assiette de la contribution des portes et fenêtres, puisque la même ouverture qui, dans une ville au-dessous de 5,000 âmes, paie 2 fr. 50 c., devra payer 8 fr. 50 c. dans une ville de 100,000 âmes et au-dessus.

La contribution des portes et fenêtres est assise sur les portes et fenêtres donnant sur les rues, places et chemins, sur les cours et jardins des bâtiments, usines, magasins, dans toute l'étendue du royaume. Elle ne frappe pas les fenêtres et portes intérieures, ni celle des locaux non destinés à l'habitation de l'homme. C'est une charge de l'habitation : elle doit donc être supportée par les locataires.

La matrice du rôle de la contribution des portes et fenêtres est rédigée par les répartiteurs communaux assistés du contrôleur, comme il est fait pour les cotes *foncières, et personnelles et mobilières.*

4° *Contribution des patentes.*

On appelle *patente* l'acte de l'autorité publique que sont obligés d'obtenir, moyennant un droit déterminé, tous ceux qui veulent exercer certains emplois ou certaines professions, et en général tous ceux qui font un commerce ou un négoce quelconque.

Ce n'est pas ici le lieu d'examiner pourquoi les commerçants payent un impôt en sus de celui exigé des autres citoyens; cependant, disons en passant, que le principe de tout impôt étant que chacun doit contribuer aux charges publiques, dans la proportion de la dépense qu'il occasionne à l'État, le commerce, pour la prospérité et la sécurité duquel l'État entretient une marine, des agents à l'étranger, des établissements publics, pour lequel on fait la guerre et les traités, doit nécessairement supporter une part supérieure à celle des autres classes de citoyens, car il coûte davantage à l'État.

L'impôt de patente se divise en *droit fixe* et en *droit proportionnel.* C'est un des impôts *directs* qui sont de *quotité,* c'est-à-dire dans lesquels la part à payer par chaque citoyen contribuable est déterminée d'avance; mais le résultat général inconnu.

Le droit *fixe* frappe sur sept classes distinctes de redevables, dont les rangs sont déterminés par la nature des professions; pour l'assiette de ce droit les communes sont aussi divisées en sept classes, selon leur population, de sorte que la contribution du patentable varie, et suivant la classe dans laquelle sa profession est rangée, et suivant la population de la commune où il l'exerce. Ainsi, les patentables de la première classe, par exemple, payent un droit fixe de 40 fr. dans les villes de 5,000 âmes et au-dessous; et un droit fixe de 300 fr. dans les villes de 100,000 âmes et au-dessus. Le recensement de la population d'une commune doit donc influer sur le droit fixe du patentable, selon l'accroissement ou la diminution des habitants.

Le droit proportionnel représente le dixième de la valeur locative des bâtiments consacrés à l'habitation et à l'exploitation commerciale, pour les cinq premières classes seulement (1).

5°. Contribution des redevances sur les mines.

Cet impôt se divise aussi en redevance *fixe* et en redevance *proportionnelle*. La redevance fixe est de 10 fr. par kilomètre carré de superficie. La redevance proportionnelle est ordinairement du vingtième du produit net de l'exploitation ; elle ne peut l'excéder, et les concessionnaires ont le droit de demander qu'elle soit convertie en un abonnement.

Cet impôt étant de quotité, ne variant pas selon la population, il n'est en rien affecté par le recensement.

6°. Impôts indirects. — De l'impôt des boissons.

De tous les impôts indirects, celui des boissons est le plus important et le plus productif; c'est aussi celui qui est l'objet

---

(1) Voyez, pour la nomenclature des professions, les tarifs des droits, les diverses classes de patentables, les lois des 1er brumaire an VII, 25 mars 1817, 15 mai 1818. Quant aux agents chargés d'établir l'assiette et le classement, voyez, plus bas, l'arrêté des consuls du 15 fructidor an VIII.

des plus vives attaques, parce que son mode de perception a malheureusement, et par la nature et la force des choses, un caractère vexatoire et inquisitorial.

L'ensemble de l'impôt se compose des droits dits de *fabrication*, de *circulation*, *d'entrée*, de *détail* et de *consommation*.

Le droit de *fabrication* se perçoit sur les bières et liqueurs fermentées, au moment même où elles sont fabriquées.

Le droit de *circulation* se perçoit sur chaque enlèvement ou déplacement des vins, cidres, eaux-de-vie ou esprits.

Le droit de *détail* est perçu sur le débit des boissons au-dessous d'un hectolitre : il est de 10 p. 0/0 du prix de vente.

Le droit de *consommation* est payé par les consommateurs, à l'arrivée des boissons chez eux, et avant la décharge de l'acquit-à-caution.

Ces quatre espèces de droits dont l'assiette et la perception sont fixes, ne peuvent varier avec la population, et ne peuvent, par conséquent, être affectées par les recensements. Il n'en est pas de même du *droit d'entrée*.

Le *droit d'entrée*, qu'il ne faut pas confondre avec le *droit d'octroi*, est celui qui se perçoit, conformément à un tarif réglé par la loi, dans les villes et communes ayant quatre mille âmes de population et au-dessus.

Pour l'assiette de ce droit *sur les vins*, les départements sont rangés en quatre classes, suivant la valeur moyenne de cette boisson. Les villes sont en outre divisées en huit classes, *suivant leur population agglomérée*.

Pour les autres boissons, la progression suit uniquement la *population agglomérée des villes*.

On voit donc que le recensement de la population d'une commune peut avoir de l'importance quant aux *droits d'entrée* sur les boissons, en faisant passer une ville dans une classe moins élevée ou dans une classe supérieure.

Les explications bien succinctes dans lesquelles nous venons d'entrer, étaient indispensables pour les personnes étrangères à cette matière, afin de leur faire comprendre plus aisément la portée et la question de légalité des recensements. Il faut en effet savoir comment chaque impôt est assis, comment il se répartit, s'il est fixe, ou quelles sont ses causes de variation, pour ensuite se faire une idée exacte de l'influence et de la nécessité des recensements. Cela fait, examinons chacun des recensements opérés cette année, pour voir sa nature, son but, l'influence qu'il a sur l'impôt, et enfin dans quelles formes et par quels agents il peut et doit être exécuté.

CHAPITRE II.

Des Recensements en général.

Un recensement n'est autre chose que l'inventaire général des forces contributives du pays. Son but est de procurer la répartition égale et juste des charges publiques. Les Chambres, pour partager entre les départements le contingent demandé à chaque nature de contribution, doivent nécessairement être édifiées et instruites sur les richesses diverses et les facultés de chacun d'eux. En supposant même qu'elles le fussent parfaitement à une époque donnée, on sait que, dans un certain laps de temps, l'industrie et la population se déplacent, qu'une contrée riche et peuplée peut perdre en richesse et en population ce qu'une autre contrée plus favorisée par les circonstances aura gagné. De là la nécessité de modifier à certains intervalles la répartition entre les départements, puis aussi la répartition entre les arrondissements et entre les communes.

En conséquence de ces principes de toute justice, la loi du

14 juillet 1838 contient, dans son art. 2, la disposition suivante :

L'article 31 de la loi du 21 avril 1832 est abrogé (1). Il sera soumis aux Chambres, dans la session de 1842 et ensuite de dix années en dix années, un nouveau projet de répartition entre les départements, tant de la contribution personnelle et mobilière, que de la contribution des portes et fenêtres.

A cet effet, les agents des contributions directes continueront de tenir au courant les renseignements destinés à faire connaître le nombre des individus passibles de la contribution personnelle, le montant des loyers d'habitation et le nombre des portes et fenêtres imposables (2).

---

(1) Cet article était ainsi conçu :

« Il sera soumis aux Chambres, dans la session de 1834, et ensuite de cinq en cinq années,
« un nouveau projet de répartition entre les départements, tant de la contribution personnelle
et mobilière que de la contribution des portes et fenêtres.

« A cet effet, les agents des contributions directes compléteront et tiendront au courant les
« renseignements destinés à faire connaître le nombre des individus passibles de la contribution
« personnelle et mobilière, le montant des loyers d'habitation et le nombre des portes et
« fenêtres imposables. »

(2) Le rapport de la Commission explique parfaitement le sens de cet article.

Le Gouvernement, y est-il dit, devait vous présenter, aux termes de la loi du 21 avril 1832, un nouveau mode de répartition de la contribution mobilière et des portes et fenêtres ; mais il a pensé que le but de cette prescription se trouvait atteint par la loi du 17 août 1835, qui fait varier annuellement les contingents des départements et des communes, en raison des cotisations nouvelles et des démolitions. Ainsi, il s'est cru dispensé de présenter aux Chambres un nouveau projet de répartition, attendu que ce projet ne pouvait être que la reproduction de la répartition existante. En conséquence, le Gouvernement vous a proposé, par l'article 2 du projet de loi en discussion, d'abroger, quant à la contribution des portes et fenêtres, l'art. 31 de la loi du 21 avril 1832.

Votre Commission n'a pas partagé cet avis. La loi du 17 août 1835, tout en soumettant l'impôt des portes et fenêtres aux variations qu'éprouverait la matière imposable, n'a pas corrigé les inégalités de la répartition établie par la loi précitée. *La Chambre s'est prononcée plusieurs fois pour l'exécution de l'article 31 de la loi d'avril 1832, en votant des crédits destinés à subvenir aux frais d'un nouveau recensement des portes et fenêtres.* Nous savons, d'ailleurs, que le travail est très-avancé, et qu'il pourrait vous être soumis dans deux ans. Néanmoins, votre Commission, voulant donner à l'administration tout le temps nécessaire pour achever de réunir les matériaux dont elle a besoin, vous propose d'ajourner, jusqu'en 1842, comme pour la contribution personnelle et mobilière, l'époque de la présentation du projet d'une nouvelle répartition de l'impôt des portes et fenêtres.

La proposition a été adoptée par la Chambre.

Par suite de ces dispositions législatives, il y avait donc à faire trois espèces de recensement :

1°. Le recensement de la population;

3°. Le recensement des valeurs locatives et des portes et fenêtres;

3°. Le recensement des patentables et des valeurs locatives soumises au droit proportionnel de patente.

§ 1ᵉʳ. **Recensement de la population.**

On a vu plus haut que le recensement de la population exerce une influence directe sur plusieurs impôts.

Ainsi, quant à la taxe personnelle et mobilière, impôt qui frappe les individus, il est évident que l'augmentation ou la diminution de la population d'une commune doit amener pour résultat une différence en plus ou en moins, et dans la répartition que fera le conseil d'arrondissement, et dans celles que feront les commissaires répartiteurs. Instruit d'une diminution ou d'un accroissement de population, le conseil d'arrondissement pourra et devra diminuer ou augmenter la part de la commune dans la contribution personnelle et mobilière; mais il est vrai de dire que si le contingent de la commune est augmenté, cependant, individuellement, aucun des habitants ne peut en souffrir, puisque la taxe se répartit sur un plus grand nombre, et qu'il peut même arriver, par suite de cette répartition sur un nombre de têtes plus considérable, que la charge de chacun soit moindre qu'avant l'augmentation du contingent. En effet, ce qui rend la charge d'une commune plus lourde, ce n'est pas l'augmentation de son contingent, c'est d'avoir un trop petit nombre d'individus pour en supporter le fardeau.

La contribution des portes et fenêtres se ressent aussi de l'accroissement ou de la diminution de la population, comme nous l'avons montré par le tableau du tarif des diverses ouvertures. Ainsi, dans une ville considérée autrefois comme ayant quatre mille cinq cents âmes, et où l'ouverture payait 2 fr. 50 c., si le recensement démontre qu'il y a entre cinq et six mille âmes, la même ouverture sera tarifée 3 fr. 25 c. Mais il importe encore de remarquer qu'elle ne paiera ce chiffre, qu'autant qu'il sera nécessaire pour compléter le contingent de la commune dans la contribution des portes et fenêtres; car, malgré la quotité fixée par le tarif, c'est un impôt de répartition. Ainsi soit 12,000 fr. le contingent que la commune doit fournir pour l'impôt des portes et fenêtres; si le calcul de toutes les ouvertures au prix du tarif donne 10,000 fr., il faudra augmenter les prix du tarif pour atteindre les 12,000 fr.; mais, si le contingent n'était que de 8,000 fr., chaque ouverture serait proportionnellement dégrevée.

L'accroissement ou la diminution du chiffre de la population fait encore augmenter ou diminuer le droit fixe de patente, en faisant passer la ville dans une classe supérieure ou inférieure à celle dans laquelle elle était rangée, ainsi que nous l'avons expliqué plus haut.

Enfin, en matière de droits indirects, et quant au *droit d'entrée* sur les boissons, les villes au-dessus de quatre mille âmes étant divisées en sept classes dont la première paie le double de la dernière, cet impôt indirect sera nécessairement augmenté ou diminué suivant que le chiffre de la population recensée aura fait ranger la ville dans une autre classe. Telle est en résumé l'influence que doit exercer sur les divers impôts l'accroissement ou la diminution de la population, et personne n'a songé à méconnaître que ce fût là une chose juste. L'impôt

doit être en raison de la fortune et des forces contributives :
il faut rechercher ces éléments dans le chiffre de la population,
signe à peu près certain de la richesse mobilière d'un pays.

Nul doute donc qu'il ne soit utile et même nécessaire, que
les pouvoirs chargés de répartir l'impôt dans les différents degrés, soient instruits du chiffre de la population, comme de tous
les autres éléments imposables. Une commune qui aurait en
dix ans perdu la moitié de sa population, serait fort aise que
cette situation fût connue, pour voir diminuer son contingent
dans les contributions que nous venons d'énumérer : pourquoi
se plaindrait-elle aujourd'hui, si l'on constate que sa population a doublé ? Quel que soit le résultat, il est légal; car il dé-
coule de la volonté et des termes de la loi : *Du moment que le
recensement est exact, se plaindre serait demander par privi-
lége a être exempté des taxes décrétées et calculées d'avance par
la loi* (1).

Aussi, et quoique ce soit là le motif secret des appréhensions,
n'ose-t-on pas mettre en avant de telles et si absurdes préten-
tions : mais on se plaint que le recensement de la population
ne soit pas fait suivant les formes voulues par la loi. C'est ce
qu'il s'agit d'examiner.

L'origine du recensement de la population dans notre législation administrative moderne, remonte à la loi des 28-30 juin
1790, dont l'art. 5 est ainsi conçu :

« Les directoires de département (aujourd'hui les Préfets) feront former un état
« ou tableau de toutes les municipalités dont leur département est composé,
« avec indication, tant du montant de la population active, que de celui des
« impositions de chaque municipalité. »

---

(1) *Gazette des Tribunaux*, articles sur les Recensements, numéro du 28 juillet 1841.

Cette première disposition législative confiait le recensement à l'autorité administrative, sans indiquer, comme on le voit, aucune mesure de détail.

Le décret de l'Assemblée nationale des 19-22 juillet 1791, contient une mesure plus générale et d'un caractère permanent. L'art. 1er du titre 1er est ainsi conçu :

« Dans les villes et dans les campagnes, les corps municipaux feront consta-
« ter l'état des habitants, soit par *des officiers municipaux*, soit par des *com-*
« *missaires de police* s'il y en a, soit par des *citoyens commis à cet effet*. Chaque
« année, dans le courant des mois de novembre et décembre, cet état sera vérifié
« de nouveau, et on y fera les changements nécessaires; l'état des habitants de
« campagne sera recensé au chef-lieu de canton par des commissaires que
« nommeront les officiers municipaux de chaque communauté particulière. »

Enfin, le décret de la Convention du 10 vendémiaire an IV, sur la police intérieure et la responsabilité des communes, prescrivit un autre recensement qui devait être exécuté par les officiers municipaux sur des modèles de rôles imprimés et adressés à chaque municipalité.

Comme on le voit, aucune base fixe n'avait été adoptée pour ces recensements, et la plupart des questions qu'ils pouvaient soulever, restaient livrées à l'arbitraire des corps municipaux ou du Ministre de l'Intérieur.

A cette époque, les recensements de la population, ne servant à l'assiette d'aucun impôt, n'avaient qu'une importance secondaire : mais depuis que le chiffre de la population entre comme élément dans la plupart de nos contributions, le recensement non-seulement acquiert une importance relative, mais encore il doit être fait plus fréquemment, afin que les changements dans cet élément de contributions, soient suivis de leur conséquence légale. Comme il était utile de ne pas s'astreindre annuellement à une publication du recensement, l'ordonnance du 16 janvier 1822, disposa que le tableau de la population du royaume, qui lui était annexé, serait considéré comme seul authentique pendant cinq ans, à compter du 1er janvier 1822. Depuis, les ordonnances des 15 mars 1827, 11 mai 1832 et 30 décembre 1836 renouvelèrent cette disposition ; en sorte que la force actuelle du tableau de la population par commune expire le 31 décembre 1841. De là, la nécessité de procéder à un nouveau recensement.

On vient de voir, par les textes cités, que le recensement de la population doit être fait, soit par des *officiers municipaux*, soit par des *commissaires de police*, soit par des *citoyens commis à cet effet*. Cette législation ne parlait pas des agents des *contributions indirectes*, par la raison toute simple qu'à cette époque, la population n'entrait comme élément dans l'assiette d'aucun impôt, et qu'il n'existait même pas de contributions indirectes (1).

Le recensement qui s'opère aujourd'hui a été ordonné par le Ministre de l'Intérieur, dans les attributions duquel il rentre, et qui, par une instruction en date du 2 août 1841, l'a prescrit et en a tracé les règles. Il a été confié aux autorités municipales, ainsi que le veut la loi du 22 juillet 1791 ; mais les changements survenus depuis cette époque dans notre système d'impôt, ayant fait de la population une des bases de l'assiette des impôts, les tableaux quinquennaux dressés hors la présence et sans le contrôle de l'administration des contributions ne pouvaient faire autorité vis-à-vis d'elle. Qui ne comprend en effet que, dans le but de diminuer les charges de leur com-

---

(1) Les premières lois sur les contributions indirectes furent celles des 5 ventôse an XII, 1er germinal an XIII, 24 avril 1806.

mune, bien des municipalités dissimulaient le nombre réel des habitants? Dans cette question, deux intérêts étaient engagés : l'intérêt du Trésor et celui des communes.

Le Trésor ne pouvait-il avoir aussi, dans l'intérêt public, le recours ouvert aux communes, par l'art. 22 de la loi du 28 avril 1816, ainsi conçu :

« Les communes assujetties aux droits d'entrée seront rangées dans les diffé-
« rentes classes du tarif, en raison de leur population agglomérée. S'il s'élève
« des difficultés relativement à l'assujettissement d'une commune, ou à la classe
« dans laquelle elle devra être rangée par sa population, la réclamation de la
« commune sera soumise au Préfet, qui, après avoir pris l'opinion du Sous-
« Préfet et celle du Directeur, la transmettra avec son avis au Directeur général
« des contributions indirectes, sur le rapport duquel il sera statué par le Mi-
« nistre des Finances, sauf le recours de droit, et la décision du Préfet sera pro-
« visoirement exécutée. »

Or, depuis la confection des recensements de 1822, 1827 et 1832, des doutes s'étaient élevés sur la question de savoir si cet article de la loi de 1816 était toujours en vigueur. Le Ministre de l'Intérieur soutenait la négative en s'appuyant sur la fixité et la régularité des recensements quinquennaux. Le Ministre des finances, au contraire, soutenait que, la loi ne circonscrivant ces réclamations dans aucun délai, le droit de réclamer contre le recensement était ouvert dans l'intervalle d'un recensement à l'autre et aux communes, et même aux particuliers et au Trésor.

Cette divergence d'opinion entre les deux Ministres fut l'objet d'une délibération du Conseil d'État qui, réuni en assemblée générale, le 11 octobre 1837, décida :

Que l'art. 22 de la loi du 28 avril 1816 avait conservé toute sa force ; que la publication quinquennale des tableaux officiels de population ne peut mettre obstacle à ce que, dans l'intervalle de cette période, les villes et les communes, dans leur intérêt particulier, et l'administration des contributions indirectes, dans l'intérêt du Trésor, ne réclament contre les erreurs ou changements qui auraient pour résultat de les astreindre indûment au payement du droit d'entrée ou de les exempter à tort du droit d'impôt.

Cet avis statue, en outre, qu'en cas de réclamation de cette nature, il devait être fait un recensement particulier, et l'administration des contributions indirectes *appelée à y concourir par ses agents.*

C'est donc par suite et des nécessités survenues avec la création des contributions indirectes, inconnues lors de la loi de 1791, et de cet avis du Conseil d'État, que les Ministres des Finances et de l'Intérieur se sont entendus pour appeler au recensement de la population le concours des agents des contributions indirectes.

Est-ce là une illégalité ? Evidemment non ! La loi de 1791 ne réglementait rien. Elle disait bien : un recensement sera fait ; il sera opéré par les autorités municipales : mais comment ? Quelles règles pour les questions qui peuvent se présenter ? Le législateur ne s'était pas expliqué ; donc il avait laissé toute latitude au pouvoir ministériel pour réglementer : et depuis 1791 on a réglementé maintes fois sans que personne ait songé à réclamer.

Aujourd'hui a-t-on enlevé à l'autorité municipale le droit de faire seule le recensement ? Non ! On a voulu que les agents des contributions n'apparussent dans cette opération que comme *assistants*, avec un simple droit *d'observation.* En effet, la circulaire de M. le Directeur des contributions directes, du 5 avril 1841, s'exprime ainsi :

« L'intervention des agents des contributions indirectes aux recensements
« périodiques n'a d'autre but que d'empêcher toute omission et d'appliquer
« l'observation des règles qui se rapportent à la perception : *ils se borneront*
« *donc à requérir, lorsqu'il y aura lieu,* l'insertion au procès-verbal, tant des

« faits sur lesquels il se serait élevé des doutes, que des *observations* qu'ils au-
« ront cru devoir présenter. »

Pour quiconque veut rester dans des sentiments d'impar-
tialité, s'isoler des préoccupations de l'intérêt particulier et
des passions politiques ; pour qui veut raisonner en juriscon-
sulte, les textes à la main, il est évident que le Ministre n'a
pas violé la loi de 1791, et que, dans l'intérêt même des contribuables autant que dans celui du Trésor, et pour éviter les
contestations ultérieures, il a usé dans des limites utiles et
constitutionnelles du droit résultant pour le Gouvernement
de l'article 13 de la Charte, de faire des ordonnances et règle-
ments *nécessaires* pour l'exécution des lois.

La *Gazette des Tribunaux* du 23 juillet 1841, en examinant
cette question, semble cependant pencher vers cette idée, que,
s'il n'y a pas tout à fait illégalité, il y aurait au moins impré-
voyance. Selon l'auteur de l'article, « *d'après les principes généraux qui régissent notre droit public et administratif, la fixa-
tion des bases à suivre dans les recensements devrait être arrêtée
tout au moins par un règlement d'administration publique, c'est-
à-dire par une ordonnance royale, délibérée en Conseil d'État.* »

Est-ce la forme dont on veut parler ? nulle part elle n'est
prescrite, et de tout temps les circulaires et instructions ministérielles faites pour l'explication et l'exécution d'une loi, ont
obtenu respect et autorité, comme une émanation régulière
du Gouvernement. Est-ce le fond ? et veut-on avoir l'opinion
du corps administratif qui prépare les lois et a le plus d'autorité pour les interpréter ? Nous répondrons en citant l'avis
du Conseil d'État du 11 octobre 1837.

Mais, dit-on, les circulaires des 2 avril et 5 mai 1841, régle-
mentaires du recensement, ont le tort grave de substituer le
domicile de fait au *domicile de droit*.

Il est très-vrai que, par la circulaire du Ministre de l'Intérieur, du 10 août 1836, le domicile de *droit* avait été indiqué comme devant servir de base au recensement qui fut opéré en 1836; mais antérieurement, on avait toujours suivi un système contraire. Dans le recensement rendu officiel par l'ordonnance du 15 mars 1827, on avait pris le domicile de fait, et personne n'avait réclamé. C'est à ce premier système que l'on est revenu aujourd'hui et, nous devons le dire, avec raison.

En effet, toute la population qui, sans avoir dans une commune un domicile de *droit,* y réside cependant, dans les établissements d'instruction, dans les hospices, dans les prisons, ne concourt-elle pas, par ses dépenses nécessaires, au bien-être des villes où ces établissements sont situés? N'augmente-t-elle pas surtout le chiffre des revenus des octrois municipaux? Or, si le législateur a augmenté l'impôt en raison de l'accroissement de la population, n'est-ce pas parce qu'on a pris en considération l'accroissement de valeur que cette agglomération donne à tous les objets de consommation, aux loyers des maisons, aux produits du commerce? Faut-il se reporter au domicile de *droit* du militaire en garnison, du malade à l'hospice, de l'écolier au collége, du condamné en prison, lorsque c'est au domicile de *fait* qu'il consomment et aident à la richesse publique? Assurément une commune qui aurait quelques milliers de ses domiciliés de *droit,* résidant cependant dans une autre commune, aurait bien le droit de se plaindre de ce qu'on augmente ses impôts en raison d'une partie de population qui ne lui rapporte aucun avantage par suite de son absence de fait. Il est donc évident que le domicile de *fait* est le seul qui doit être pris en considération, car c'est à celui-là qu'on consomme, et, par conséquent, qu'on augmente la richesse locale.

Concluons donc que, sous ces deux points de vue, *assistance des agents des contributions directes, adoption du domicile de fait,* il n'y a rien que de parfaitement légal et raisonnable à la fois dans les mesures ministérielles.

§ 2. **Recensement des valeurs locatives et des portes et fenêtres.**

Ce recensement a pour but de faire connaître le nombre des ouvertures imposables, et la valeur locative des habitations, dans chaque localité, afin d'asseoir d'une manière plus égale l'impôt des portes et fenêtres et l'impôt mobilier. Ce sont là deux impôts de répartition qui, par conséquent, sont distribués entre les contribuables par les *répartiteurs communaux,* et comme ils l'entendent. Mais, pour éclairer la répartition des degrés supérieurs, celle de commune à commune, celle entre les arrondissements et entre les départements, il faut des documents certains et exempts de toute partialité : on ne pouvait donc les demander aux autorités municipales, qui les auraient nécessairement livrés incomplets : Déjà, en 1832, une ordonnance royale avait tenté cet essai, de confier le recensement des valeurs locatives à des commissions choisies en partie dans les municipalités (1). L'intérêt local domina tellement les opérations, que non-seulement elles furent fort incomplètes ; mais encore fort longues, car elles durèrent plus de trois ans.

Cette ordonnance de 1832 a servi de prétexte à la presse politique et à quelques conseils municipaux, qui s'en sont appuyés pour soutenir qu'elle formait le dernier état de la

---

(1) Voir, sur cette ordonnance, *Journal des Conseillers municipaux*, t. III, p. 84, 27ᵉ livraison, octobre 1835.

législation en matière de recensement des valeurs locatives, et que le Ministre avait outre-passé son droit en changeant le mode d'opérer, par sa circulaire du 25 février dernier.

Cette objection est peu sérieuse, et un simple raisonnement va la faire tomber. L'ordonnance de 1832 n'était relative qu'à la formation du tableau quinquennal, qui était à faire à cette époque. La loi du 21 août 1832 avait ordonné des modifications quinquennales, par voie législative, à la répartition entre départements : en conséquence, des recensements généraux furent commencés, et l'ordonnance de 1832 prescrivit un nouveau mode de recensement pour les valeurs locatives modifiant profondément dans ses dispositions la loi du 26 mars 1831 : mais évidemment, cette ordonnance de 1832, n'avait qu'un temps, et ne statuait que pour une opération déterminée. Cette opération a été achevée en 1837, tellement imparfaite, il est vrai, qu'il faut la recommencer : mais l'ordonnance a fait son temps, et c'est tromper la crédulité publique que de présenter comme ayant toujours la même vigueur une ordonnance qui a dû disparaître de la législation avec l'opération spéciale pour laquelle elle était faite. Assurément si ce n'était pas le même Ministre qui a contresigné l'ordonnance de 1832 et la circulaire de 1841, on n'eût pas songé à cette apparente opposition de textes, qui ne peut abuser que les gens étrangers aux lois administratives.

Quoi qu'il en soit, est-ce sur une ordonnance ou sur une circulaire ministérielle que sont réglées les opérations actuelles ? Non ! c'est sur les textes mêmes de la loi, et à coup sûr on ne peut faire un reproche à l'Administration d'être revenue aux dispositions légales, en supposant qu'elle s'en soit écartée par l'ordonnance de 1832.

Quelles sont ces dispositions légales ? Il n'est pas nécessaire pour les trouver de remonter, comme l'ont fait le *National* et la *Quotidienne*, à des lois abrogées aujourd'hui. Ce n'est pas là de la bonne foi. Il n'est pas de matière qui n'ait été vingt fois retournée par les lois ou les décrets de l'époque révolutionnaire : chaque parti peut y trouver un texte et des arguments pour sa thèse. Mais ce n'est plus là de la discussion sérieuse et honorable; c'est de la chicane. Il est élémentaire en fait de législation que la loi moderne abroge implicitement l'ancienne, dans les dispositions qu'elle change ou modifie. Pour en faire juge le lecteur, nous allons passer en revue les textes mêmes que l'on prétend invoquer.

C'est la loi des 13 janvier—18 février 1791, qui a créé l'impôt mobilier, en le composant de taxe personnelle, de taxe somptuaire, et de taxes sur les salaires publics et privés. L'art. 33 imposait aux citoyens l'obligation de venir déclarer eux-mêmes leurs facultés pécuniaires, leurs chevaux, leurs domestiques, la valeur de leurs loyers. L'art. 35 chargeait les officiers municipaux et les commissaires adjoints d'établir la matrice du rôle. La loi ne parlait pas des agents des contributions, parce qu'alors cette administration n'existait pas. Il faut donc consulter une époque plus rapprochée de nous.

En ce qui concerne l'impôt des portes et fenêtres, la loi du 4 frimaire an VII, qui l'a créé, contient les dispositions suivantes :

Art. 6. Les municipalités seront tenues, dans les dix jours de la présente loi, de faire ou faire faire par des commissaires, l'état des portes et fenêtres sujettes à l'imposition.

Art. 10. L'assiette et le recouvrement de la contribution ci-dessus établie sont placés sous la surveillance et l'inspection de l'agence des contributions directes.

Prétendrait-on argumenter de ces dispositions ? Mais, outre qu'elles ont été abrogées par d'autres lois, comme nous allons le démontrer, il suffit de remarquer que dans la loi de frimaire an VII, il s'agit d'un impôt nouveau, dont il fallait établir l'assiette, et non pas d'un recensement annuel ou périodique d'impôt déjà assis. En second lieu, cet impôt était de *quotité*, c'est-à-dire que chaque ouverture devait payer un prix tarifé d'avance et invariable, tandis que, depuis, l'impôt a été métamorphosé en un impôt de répartition, c'est-à-dire dont la somme totale est fixée par le budget et répartie entre les contribuables, comme nous l'avons expliqué plus haut. Le recensement de la matière imposable n'a ni le même caractère ni les mêmes effets, suivant qu'il s'agit d'un impôt de quotité ou d'un impôt de répartition.

Il faut donc voir les textes postérieurs, et les lois des 22 brumaire an VI, 15 septembre 1806, 21 avril 1832, et 14 juillet 1838 :

Loi du 22 brumaire an VI, *art.* 12. — Les divers employés de l'agence sont chargés, sous la surveillance du Ministre des Finances, de rassembler tous les renseignements et matériaux propres à perfectionner l'assiette et la répartition des contributions directes.

Extrait de l'instruction annexée à la loi du 22 brumaire an VI. — Les commissaires de département (les directeurs des contributions directes) rassembleront tous les états, renseignements, recherches et matériaux recueillis par l'inspecteur ou qu'ils se procureront eux-mêmes, relatifs aux contribuables, revenus et facultés de leurs départements, et propres à préparer et faciliter la répartition des contributions foncière et personnelle, tant pour les départements que pour les cantons.

Le commissaire du département fera, si l'administration départementale l'en charge, tous les travaux préparatoires, calculs, états, etc., nécessaires pour la répartition qu'elle est chargée de faire chaque année, entre les cantons, de son contingent dans l'une et l'autre contribution.

Loi du 15 septembre 1807, *art.* 39. — Les directeurs des contributions directes *continueront* de faire faire, chaque année, les recensements et autres opérations relatives aux rôles des propriétés bâties et à ceux de la contribution personnelle et mobilière, des portes et fenêtres et des patentes.

Loi du 21 avril 1832, *art.* 11. — Le directeur des contributions directes formera, chaque année, un tableau présentant, par arrondissement et par commune, le nombre des individus passibles de la taxe personnelle et le montant de leurs valeurs locatives d'habitation. Ce tableau servira de renseignement au conseil général et aux conseils d'arrondissement pour la répartition de la contribution personnelle et mobilière.

Art. 26. Le directeur des contributions directes formera, chaque année, un tableau présentant : 1° le nombre des ouvertures imposables des différentes classes; 2° le produit des taxes d'après le tarif; 3° le projet de répartition.

Ce tableau servira de renseignement au Conseil général et aux Conseils d'arrondissement, pour fixer le contingent des arrondissements et des communes.

Art. 31. Il sera soumis aux Chambres, dans la session de 1834, et ensuite de cinq ans en cinq ans, un nouveau projet de répartition entre les départements, tant de la contribution personnelle et mobilière, que de la contribution des portes et fenêtres.

A cet effet, les agents des contributions directes compléteront et tiendront au courant les renseignements destinés à faire connaître le nombre des individus passibles de la contribution personnelle et mobilière; le montant des loyers d'habitation, et le nombre des portes et fenêtres.

Loi du 14 juillet 1838, art. 2. — L'art. 31 de la loi du 21 avril 1832 est abrogé. Il sera soumis aux Chambres, dans la session de 1842, et ensuite de dix années en dix années, un nouveau projet de répartition entre les départements, tant de la contribution personnelle et mobilière, que de la contribution des portes et fenêtres. A cet effet, les agents des contributions directes continueront de tenir au courant les renseignements destinés à faire connaître le nombre des individus passibles de la contribution personnelle, le montant des loyers d'habitation et le nombre des portes et fenêtres imposables.

La lecture de ces textes doit, ce semble, ramener les plus incrédules : car voilà, de bon compte, quatre dispositions législatives qui, à des époques différentes, se sont exprimées de la manière la plus claire, la plus positive, sur les recensements destinés à asseoir une répartition équitable des impôts mobiliers et des portes et fenêtres; admettant que les lois des 18 février 1791 et 4 frimaire an VII (ce qui n'est pas) aient statué sur un objet et dans des conditions exactement identiques, leur pouvoir n'est-il pas éteint complétement, abrogé de la manière la plus formelle par les lois postérieures que nous venons de citer, et peut-il être vrai de soutenir, comme le conseil municipal d'Orléans, que ces dernières lois n'ont rien changé à celles de 1791 et de l'an VII?

Les journaux qui combattent les recensements actuels invoquent les art. 1, 2, 3 et 4 de cette même loi de brumaire an VI. Si, avec ce texte, ils avaient cité aussi celui des lois que nous venons de rapporter, la sagacité la plus ordinaire eût pu démêler ce qu'il y a de faux dans leur argumentation. Nous ne voulons, nous, omettre aucun document. Voici ces articles :

ART. 1er. Les administrations départementales (conseil général) et municipales (conseil d'arrondissement) feront la répartition des contributions foncière et personnelle entre les cantons et les communes de leur ressort, suivant les formes et dans les délais prescrits par les lois.

ART. 2. Les répartiteurs des communes procèderont ensuite à la répartition entre les contribuables, soit par la confection ou la rectification des matrices de rôle, soit par la formation des états de mutations arrivées dans le cours de l'année.

ART. 3. Pour tous les travaux préparatoires relatifs aux mêmes contributions et qui seront développés dans l'instruction dont il sera parlé ci-après, il sera établi, sous l'autorité du Ministre des Finances, une agence des contributions directes, composée, pour chaque département, de commissaires du Directoire exécutif près les administrations centrales (directeur) et municipales, d'un inspecteur et des préposés aux recettes, conformément au tableau annexé à la présente loi.

ART. 4. Les commissaires près les administrations municipales seront chargés d'aider les communes dans la formation ou rectification des matrices de rôle et états de changement, et de tous les travaux de préparation ou d'expédition relatifs à l'assiette, à la perception et au contentieux des contributions directes.

Ne voit-on pas, au premier coup d'œil, que l'art. 1er est relatif à la répartition entre communes qui se fait encore de même aujourd'hui; l'art. 2 à la répartition entre les contribuables, que personne n'a songé à enlever aux répartiteurs municipaux, et enfin que les articles 3 et 4, joints à l'article 12 que nous avons cité ci-dessus, établissent parfaitement le droit et la mission des agents des contributions directes à rassembler tous les renseignements, préparer tous les matériaux nécessaires à l'*assiette* et à la *répartition* de l'impôt?

Partout et dans toutes les lois de finances la même distinction est soigneusement observée entre la répartition individuelle, communale, et la répartition des degrés supérieurs. On en trouve la preuve dans la loi du 21 avril 1832, dont les adversaires du recensement invoquent les dispositions.

Nous avons cité (p. 32) les art. 11, 26 et 31 de cette loi : on a vu qu'ils chargeaient spécialement l'administration des contributions directes de faire le recensement des valeurs locatives et des portes et fenêtres, destiné à faciliter la répartition des degrés supérieurs.

Ce qui est relatif à la répartition *individuelle et communale* est réglé par les articles 17, 18 et 27 de la loi.

Art. 17. Les commissaires répartiteurs, assistés du contrôleur des contributions directes, rédigeront la matrice du rôle de la contribution personnelle et mobilière. Ils porteront sur cette matrice tous les habitants jouissant de leurs droits, et non réputés indigents, et détermineront les loyers qui devront servir de base à la répartition individuelle.

Les parties de bâtiments consacrées à l'habitation personnelle devront seules être comprises dans l'évaluation des loyers.

Il sera formé annuellement un état des mutations survenues pour cause de décès, de changement de résidence, de diminution ou d'augmentation de loyer.

Les répartiteurs pourront faire usage, pour 1832, des éléments d'après lesquels étaient fixées les cotes individuelles antérieurement à 1831.

Art. 18. Lors de la formation de la matrice, le travail des répartiteurs sera soumis au conseil municipal, qui désignera les habitants qu'il croira devoir exempter de toute cotisation, et ceux qu'il jugera convenable de n'assujettir qu'à la taxe personnelle.

Art. 27. Les Commissaires répartiteurs, assistés du contrôleur des contributions directes, rédigeront la matrice de la contribution des portes et fenêtres d'après les bases fixées par les lois des 4 frimaire an VII et 4 germinal an XI, sauf les modifications ci-après.

Ainsi qu'on le voit, la division des pouvoirs est rigoureusement observée. La rédaction des matrices pour la *répartition individuelle* reste le droit des répartiteurs : la circulaire du 25 février 1841 ne leur a rien enlevé de leurs attributions; et il ne faut pas, comme on s'y obstine, confondre ce travail, particulier à la commune, et qui, dressé par ses représentants, ne fait loi que pour elle, avec un travail tout pareil, mais fait pour un autre objet, pour la répartition des degrés supérieurs. Les matrices et les rôles dressés par les répartiteurs de la] commune ne peuvent engager les pouvoirs supérieurs, et les matrices et rôles rédigés par les agents des contributions n'engageront pas davantage les répartiteurs communaux et les contribuables.

Il faut en convenir, après avoir examiné ainsi froidement, consciencieusement, les textes, on a droit d'être surpris des récriminations qui se sont élevées, et on ne pourrait les comprendre si on ne savait que la plupart des gens qui raisonnent de ces matières d'après l'opinion de leur voisin ou de leur journal, ne les entendent nullement, et que les passions politiques obscurcissent et embrouillent les choses les plus claires.

La *Quotidienne* et plusieurs journaux légitimistes ont attaqué vivement l'opération du recensement et ont soutenu qu'il y avait innovation illégale (sans rien prouver toutefois).

La *Gazette des Tribunaux*, en combattant cette prétention, a répondu avec beaucoup d'à-propos à la *Quotidienne* par la citation textuelle de trois circulaires de M. de Villèle, en date du 1er mai 1822, par lesquelles, à l'occasion du recensement qui allait alors s'effectuer, le Ministre de la Restauration prescrivait exactement les mêmes mesures que vient de prescrire le Ministre des finances en 1841. Le recensement de 1822 se fit sans soulèvement de la part de l'opposition libérale. Aujourd'hui les mêmes opérations excitent les reproches d'illégalité, d'innovation, par les légitimistes. Voilà la bonne foi avec laquelle se discutent les questions légales! *Ab uno disce omnes!*

Un des grands arguments de la presse militante est celui-ci : « Mais il faut cependant bien qu'il y ait quelque chose d'illé-« gal pour que tant de conseils municipaux protestent avec « énergie. » Le beau raisonnement en matière légale, où il ne s'agit pas de sentiment, mais d'application et d'interprétation de textes !

On a compté avec soin les conseils municipaux qui ont protesté contre la mesure. A-t-on enregistré aussi soigneusement ceux qui l'ont approuvée? Il faudrait au moins faire de la sorte pour que l'argument tiré de la majorité eût quelque force, et peut-être se retournerait-il contre ceux qui l'emploient.

Un très-grand nombre de conseils municipaux ont consulté sur la question le *Journal des Conseillers municipaux,* leur guide habituel : l'un des membres de notre Comité de consultation, M. Chasles, maire et député de Chartres, a répondu par la discussion approfondie à laquelle il s'est livré dans le sein de son conseil municipal et par la délibération remarquable de ce conseil. Nous avons entre les mains bien des lettres de maires des villes les plus importantes de France; nous n'en citerons qu'une, d'un homme renommé par sa capacité et son expérience, et qui administre comme maire le chef-lieu d'un département important, lettre dans laquelle se résument avec un sens parfait les développements que nous donnons à la question.

« Quant à l'affaire du recensement (nous écrit-il à la
« date du 24 juillet), je crois que les diverses lois qui s'ex-
« pliquent sur la matière donnent suffisamment à l'adminis-
« tration des contributions directes le droit de vérifier les
« portes et fenêtres et d'en faire le recensement. Je crois aussi
« que cette administration peut prendre toutes les informa-
« tions nécessaires pour se faire une juste idée de l'assiette de
« l'impôt mobilier et de sa répartition.

« Je pense même que si les lois ne s'en expliquaient pas as-
« sez explicitement, il faudrait aider à la lettre et permettre
« aux contrôleurs de l'administration des contributions, la
« vérification qu'ils font en ce moment. Car enfin, qui veut
« la fin veut les moyens. Puisqu'on impose les portes et fenê-
« tres, il faut bien en connaître le nombre : il faut bien le
« savoir pour opérer la répartition. Maintenant doit-on s'en
« rapporter aveuglément à l'administration municipale ? je
« ne le pense pas. Il est certain que le recensement sera mieux
« fait par des employés spéciaux ; et puis, on peut penser que,
« pour avoir une moindre part dans les répartitions à faire
« de commune à commune, l'administration municipale
« pourrait dissimuler l'existence d'une partie des portes et
« fenêtres. J'ai donc délégué un des employés de la mairie
« pour assister le contrôleur. »

Nous en pourrions citer vingt autres.

Au moment où nous écrivons, les journaux publient une
délibération du conseil municipal de Paris du 14 juillet 1841,
qui, disent-ils, contient la protestation la plus éclatante
contre les mesures attaquées. Pour en juger, il faut mettre le
texte sous les yeux du lecteur.

Extrait des registres des procès-verbaux des séances du conseil municipal de la ville de Paris.

Sur l'art. 3 du chap. 3 relatif à la portion de la contribution personnelle et mobilière à prélever sur les produits de l'octroi;

Le Conseil,

Vu le projet du budget de la ville de Paris pour 1842, par lequel M. le Préfet propose de fixer à 3,051,630 f. 98 c. le crédit destiné à couvrir *la portion de la contribution mobilière qui doit être acquittée par l'octroi municipal :*

Vu les art. 17, 18 et 20 de la loi du 21 avril 1832, d'où il résulte :

1°. Que les commissaires répartiteurs, assistés du contrôleur des contributions directes, rédigent la matrice du rôle de la contribution personnelle et mobilière; qu'ils portent sur cette matrice tous les habitants jouissant de leurs droits, et non réputés indigents, et qu'ils évaluent les loyers d'habitation servant de base à la répartition individuelle;

2°. Que, lors de la formation de la matrice, le travail des répartiteurs est soumis au conseil municipal, qui désigne les habitants qu'il croit devoir exempter de toute cotisation, et ceux qu'il trouve convenable de n'assujettir qu'à la taxe personnelle;

3°. Que, dans les villes ayant un octroi, le contingent personnel et mobilier peut être payé en totalité ou en partie par la caisse municipale sur la demande qui en est faite par les conseils municipaux qui déterminent la portion du contingent à prélever sur les produits de l'octroi;

Considérant que la *somme à verser* par la caisse municipale, en déduction du contingent qui sera assigné à la ville de Paris dans la contribution personnelle et mobilière pour 1842, *ne pourra être fixée d'une manière définitive* que lorsque les travaux qui *doivent être exécutés* pour rassembler les éléments de la matière imposable seront terminés, et que les résultats pourront en être appréciés;

Qu'en conséquence, il est indispensable que, conformément à l'art. 18 de la loi du 21 avril 1832, le Conseil soit mis à portée de statuer sur les opérations dont les commissaires répartiteurs sont chargés par l'art. 17 de cette loi, pour indiquer les individus passibles de la taxe personnelle et déterminer la valeur des loyers d'habitation à imposer à la contribution mobilière;

Délibère :

ART. 1er. Le crédit à allouer au budget de 1842, pour la somme payable par l'octroi en acquittement de la contribution personnelle et mobilière, est porté provisoirement à 3,051,630 fr. 98 c.

Le crédit ne recevra d'emploi que lorsque le montant en aura pu être fixé de nouveau par le Conseil, d'après les documents qui doivent lui être soumis pour en régler le montant en même temps que les bases de la répartition de la portion de cette contribution à recouvrer par le rôle.

Art. 2. Le Préfet est invité à prendre les mesures nécessaires pour qu'il soit procédé par les commissaires répartiteurs à toutes les opérations qui doivent servir à désigner les individus passibles de la taxe personnelle, ainsi qu'à l'évaluation des loyers d'habitation imposables à la contribution mobilière, de manière qu'il ne puisse entrer à cet égard dans les matrices des rôles que les éléments qu'ils auront préalablement reconnus susceptibles d'y être compris.

Cette délibération n'a ni la portée, ni le sens qu'on veut bien lui attribuer, et nous sommes fort embarrassés pour y trouver le prétendu *refus d'impôt* que le *Courrier français* a cru y voir.

Que dit-elle en effet?

Elle rappelle qu'en vertu des art. 18 et 20 de la loi d'avril 1832, le conseil municipal peut exempter de toute répartition les habitants trop pauvres, et dispenser quelques autres de la taxe mobilière, puisque les villes ayant un octroi peuvent prendre sur le produit de cet octroi pour acquitter une partie du contingent personnel et mobilier qui leur est demandé.

Mais pour qu'une commune délibère sur la somme qu'elle mettra à la charge des octrois, il faut qu'elle connaisse ses ressources et ses dépenses. Or il se fait en ce moment un travail de recensement qui *peut* avoir pour résultat de modifier, pour le budget de 1843, le contingent personnel et mobilier de la ville de Paris. La Commune veut donc, avant de prendre un parti, faire procéder aussi de son côté (ce dont elle a parfaitement le droit), à un recensement par les *répartiteurs communaux* dans les termes de l'art. 17 de la loi de 1832. Ce travail

lui révèlera ses ressources et l'étendue de la matière imposable : alors elle verra si elle doit ou non augmenter ou diminuer le chiffre du contingent dont les caisses municipales
sont grevées. Jusque-là, elle entend rester dans le provi-
soire.

Le conseil municipal de Paris dit donc que, pour dégrever
certains habitants de tout ou partie de la contribution, et
fixer le chiffre qu'il portera sur les octrois, il a besoin de s'é-
clairer sur l'assiette de cette contribution, et ce, par la voie
ordinaire des répartiteurs communaux.

En d'autres termes, cela veut dire : « Nous ne nous en rap-
« porterons pas aux recensements faits par l'administration
« des contributions; mais nous ferons nous-mêmes l'inventaire
« de nos forces contributives. » Mais cela ne signifie pas le
moins du monde que le conseil municipal ait trouvé *illégales*
les opérations du recensement. S'il eût pensé ainsi, nous avons
trop haute idée du caractère de ses membres, pour ne pas
espérer qu'ils eussent exprimé franchement leur opinion et
n'eussent pas créé une de ces rédactions ambiguës, comme
certaines *adresses* dans lesquelles il y a à prendre pour toutes
les opinions et que toutes se jettent à la tête.

« Mais, dit-on, le conseil décide que la somme payable par
« l'octroi aux agents du Trésor restera *sans emploi* jusqu'à ce
« que les commissaires répartiteurs aient procédé à un recen-
« sement : là est le refus d'impôt. » Et voilà qu'on va faire le
conseil municipal séditieux ! ne voit-on pas que nous sommes
en juillet 1841, que le Conseil vote le budget de 1842, que,
d'ici à cette époque, les répartiteurs communaux auront achevé
leur travail, que le conseil se réunira plus d'une fois, et pourra,
dans une réunion antérieure à février 1842, régler le chiffre
à payer par les octrois?

Le conseil n'a pas exprimé que le recensement fût illégal ; donc, il ne l'a pas pensé. L'eût-il pensé et exprimé, nous n'hésiterions pas davantage à dire que les intérêts de localité ou d'élection égarent quelquefois les intelligences et les capacités les plus supérieures, et qu'il serait malheureux de voir une assemblée aussi éminemment composée, et qui doit servir de modèle à tous les conseils municipaux de France, se laisser entraîner par des préoccupations de *fait* à des erreurs aussi graves sur le *droit*.

§ 3. Recensement des patentes et valeurs locatives soumises au droit proportionnel.

Les attaques les plus violentes sont dirigées contre cette dernière mesure ; il faut la discuter comme les autres, textes en mains : la solution n'en sera pas plus difficile.

L'impôt des patentes, comme nous l'avons dit, est un impôt de *quotité*. Le chiffre dû par chaque patentable est fixé par la loi, et il doit être payé en entier ; le chiffre total de la contribution des patentes ne peut être fixé d'avance ; il n'est connu qu'après la clôture de l'exercice.

Cet impôt se compose de deux droits : le droit *fixe* et le droit *proportionnel*.

Pour le droit fixe, les patentables sont divisés par la loi en plusieurs classes, et ce droit varie suivant les classes, et, dans certains cas, suivant la population des villes, qui, à cet égard, sont divisées aussi en classes. (Lois des 1er brumaire an VII, 25 mars 1817, 15 mai 1818, 17 juillet 1819, 26 mars 1831, 10 août 1839.)

« La première de ces lois, celle du 1er brumaire an VII, avait chargé les agents municipaux de dresser dans chaque commune le tableau de ceux qui y exerçaient une industrie sujette à patente ; et c'était la régie de l'enregistrement qui avait mission d'en faire la perception. Ce tableau des patentables devait être remis au commissaire du Directoire exécutif près l'administration municipale du canton ; cette administration devait en faire l'application, sauf toutes observations et réquisitions du commissaire. Le tableau était définitivement arrêté par l'administration centrale de département, sur la présentation et d'après les observations et réquisitions du commissaire du Directoire exécutif près cette administration. (Voir loi du 1er brumaire an VII, art. 9 à 12.)

« En l'an VIII, l'organisation de l'administration départementale et municipale fut changée, et une administration spéciale des contributions directes fut créée ; les dispositions de la loi du 1er brumaire an VII, que nous venons de rappeler, durent donc être modifiées. De là, l'arrêté consulaire, du 15 fructidor an VIII, qui est encore en vigueur, et dont les dispositions doivent être citées textuellement. »

ART. 1er. A compter de l'an IX, les contrôleurs des contributions directes sont chargés de former, pour le 1er frimaire au plus tard, chacun dans son arrondissement, les tableaux des citoyens assujettis à la patente ; d'établir la nature de leur commerce, industrie et profession les plus imposables, la valeur locative de leurs maisons d'habitation, usines, ateliers, magasins et boutiques, d'après les règles prescrites par les art. 5 et 9 de la loi du 1er brumaire an VII. Lesdits tableaux seront arrêtés par les maires, qui pourront y joindre leurs observations, et qui en conserveront un double, dont les citoyens pourront aussi prendre communication.

ART. 2. Les contrôleurs enverront, sans délai, les tableaux qu'il auront formés en exécution de l'art. 1er, au Sous-Préfet, qui, dans la décade suivante, les fera passer avec ses observations au Préfet, lequel remettra le tout aux Directeurs des contributions directes.

ART. 3. Dans la décade qui suivra la réception dés tableaux, le directeur fixera, d'après les lois, le montant de chaque patente, il remettra au Préfet les rôles ainsi formés, et il y joindra les observations qui auront été adressées par les Sous-Préfets et par les Maires.

Aᴙᴛ. 4. Dans la décade suivante, le Préfet, après avoir vérifié les rôles et les avoir rendus exécutoires, les adressera *au Directeur de l'enregistrement*, qui les fera parvenir aux receveurs chargés d'en suivre le recouvrement. »

Comme on le voit, dès l'an IX, les contrôleurs des contributions directes furent substitués aux administrations municipales pour dresser le recensement des patentables, et en ce qui concerne le droit fixe et en ce qui concerne les valeurs locatives sur lesquelles vient s'asseoir le droit proportionnel. Les choses se passèrent ainsi sans difficultés sous l'empire, pendant quinze ans : les lois des 25 mars 1817 et 15 mai 1818 apportèrent quelques modifications :

La loi de mai 1818 reproduisant textuellement celle de 1817, nous la citerons seule :

Aᴙᴛ. 55. Les fabricants et marchands-fabricants qui occupent ou entretiennent plus de cinq métiers, seront tenus de faire devant le *maire* de la commune de leur domicile, la déclaration du nombre de métiers qu'ils occupent ou entretiennent habituellement, soit chez eux, soit hors de leur domicile.

Les filateurs seront tenus de faire une semblable déclaration du nombre des broches qu'ils entretiennent habituellement, non compris celles des bellys et autres métiers préparatoires.

Aᴙᴛ. 56. Les déclarations pourront être vérifiées par des commissaires nommés par les *maires* pour les villes, et par les *Sous-Préfets* pour les cantons ruraux. Les commissaires classeront les fabricants et les filateurs, soit d'après les déclarations qui auront été faites, soit d'après les autres renseignements qu'ils auront recueillis.

Les fabricants et les filateurs pourront se pourvoir en décharge et modération devant le conseil de préfecture du département.

Aᴙᴛ. 57. Le nombre des commissaires ne pourra surpasser celui de cinq, ni être moindre de trois.

Aᴙᴛ. 59. Le Préfet indiquera l'époque des déclarations et des vérifications, ainsi que le délai dans lequel elles doivent être faites ; elles ne pourront avoir lieu qu'une fois l'an.

Aᴙᴛ. 60. Les teinturiers travaillant pour les fabricants ou pour les marchands, ou qui teignent les étoffes et les matières premières servant à la fabrication des tissus, les imprimeurs d'étoffes, les tanneurs, les manufacturiers de produits chimiques, les entrepreneurs de fonderie, de forges, de verreries, d'aciéries, de blanchisseries, de papeteries, et de tous autres établissements industriels, tels qu'ils sont définis par l'art. 32 de la loi du 1er brumaire an VII, payeront le droit fixe (sans avoir égard à la population de leur commune) dans les proportions déterminés ci-après :

1re classe.	300 fr.
2e.	200
3e.	150
4e.	100
5e.	50
6e.	25

Ils seront classés, savoir : pour les cantons ruraux, par les *Sous-Préfets*, après avoir pris l'avis des maires des communes où sont situés les établissements, et celui des répartiteurs et des contrôleurs des contributions directes.

Pour les villes, par les *maires*, après avoir pris l'avis des répartiteurs et des contrôleurs des contributions directes.

Dans les cantons ruraux et dans les villes où, en vertu de l'article 56, il aura été nommé des commissaires pour le classement des fabricants et des filateurs, ces mêmes commissaires seront chargés de faire le classement des entrepreneurs des établissements industriels compris dans le présent article.

Les teinturiers, imprimeurs d'étoffes, etc., pourront se pourvoir devant le conseil de préfecture du département, en décharge, modération ou descente de classe.

Ainsi, pour les patentables indiqués par la loi du 15 mai 1818, les contrôleurs n'ont plus aucun droit de recensement, il faut le reconnaître. La circulaire du 25 février 1841 ne peut être applicable à ces industries qui sont placées sous l'influence des lois précitées : en vain dirait-on qu'il ne s'agit pas ici d'un travail de classement annuel, mais d'un recensement général. Comme dans l'impôt de quotité, le recensement c'est l'assiette de l'impôt; on ne peut déroger aux règles établies pour l'assiette de la patente des industries que nous venons de citer.

Mais les autres patentables non désignés par la loi de 1818, restent sous l'empire de l'arrêté des consuls de l'an VIII, et ces dispositions, exécutées depuis quarante ans, n'ont pas été changées par le nouveau recensement. Il suffit pour s'en convaincre de rapprocher l'arrêté des consuls des termes de la circulaire du 25 février 1841, que voici :

En ce qui concerne les patentes, les contrôleurs des contributions directes, conformément à l'arrêté des consuls du 15 fructidor an VIII, formeront les tableaux des patentables et établiront la nature de leur commerce, industrie ou profession, ainsi que la valeur locative qui devra servir de base au droit proportionnel.

Les tableaux seront arrêtés par les maires, qui pourront y joindre leurs observations et en conserver un double.

Les contrôleurs les enverront sans délai aux Sous-Préfets, qui, dans les dix jours suivants, vous les feront passer.

Vous remettrez le tout au Directeur des contributions directes, afin qu'il ait à fixer, d'après les lois, le montant de chaque patente.

Si, contre mon attente, et par des considérations étrangères à l'application des lois sur la matière, vous étiez d'avis de ne pas adopter la matrice adressée par le contrôleur, vous m'en informeriez en me faisant connaître vos motifs, et je statuerais.

Cette circulaire, ainsi qu'on le voit, ne fait que reproduire l'arrêté des consuls. La seule innovation introduite par le Ministre, consiste en ce que, d'après une instruction du 15 vendémiaire an IX, le Préfet avait le droit de statuer en cas de dissentiment entre les agents des contributions et les autorités locales (en matière de patentes), et qu'aujourd'hui le Ministre s'est réservé ce droit, par le motif, dit-il (*Moniteur* du 4 juillet), que les réclamations relatives à l'impôt des patentes étant jugées par les conseils de préfecture, il ne convenait pas que les Préfets fussent appelés à statuer comme membres de ces conseils, sur des affaires où ils auraient déjà engagé leur opinion comme Préfets; et enfin, parce qu'une circulaire ministérielle peut détruire ce qu'une circulaire ministérielle avait fait.

Mais cette innovation de peu d'importance ne peut constituer une illégalité : qu'on la discute sous le rapport de son opportunité, de son utilité, nous le concevons ; mais qu'on en fasse le prétexte des reproches les plus violents, qu'on la taxe d'illégalité flagrante, c'est là une injustice ou une mauvaise foi, contre laquelle les esprits sages et honnêtes doivent protester à leur tour.

Que dire donc de cette étrange délibération du conseil municipal de Paris, en date du 16 juillet, dont s'arment aujourd'hui et l'ignorance d'une part, et la mauvaise foi de l'autre ; acte dans lequel sont méconnus les principes de la matière, et où l'on voit que des motifs d'intérêt local ont jeté le conseil hors des vraies doctrines.

Voici cette délibération rapportée dans *le Siècle* du 16 août 1841 :

« Considérant que, le rôle des patentes s'élevant à près de neuf millions à Paris, et l'impôt dont il s'agit étant de quotité, c'est-à-dire sans limite fixe, il serait INTOLÉRABLE que l'assiette d'une contribution si importante fût confiée exclusivement aux agents du fisc, et que c'est cependant ce qui arriverait si le mode tracé par la circulaire, du 25 février, de M. Humann devait prévaloir : qu'il est, au contraire, du plus haut intérêt, sous tous les rapports, que l'impôt dont il s'agit soit établi avec le concours de l'administration municipale et sous l'autorité de l'administration départementale, qui, par ses connaissances locales et les doubles devoirs qu'elle a à remplir envers les contribuables et envers le Gouvernement, peut seule être à même de déterminer les bases de cet impôt avec l'esprit de justice et les autres conditions qu'il exige ;

« Considérant que la rigueur dont la circulaire est empreinte et le système ANTIMUNICIPAL qu'elle tendrait à consacrer, sont loin de réaliser les améliorations généralement réclamées dans la législation sur les patentes ;

« Considérant, d'un autre côté, que les centimes dont le prélèvement est autorisé par la loi du 2 ventôse an XIII sont destinés, non-seulement à couvrir les dégrèvements et non-valeurs, mais encore à procurer aux communes un fonds d'attributions qui puisse leur tenir lieu, à l'égard de la contribution des patentes, des centimes communaux qu'elles reçoivent sur les autres contributions ;

« Que s'il est juste d'allouer sur ce fonds les dégrèvements auxquels les contribuables peuvent avoir droit, ainsi que les soulagements que leur position réclame, les communes, d'un autre côté, ont un intérêt égal à ce que les taxes soient établies d'une manière exacte et équitable, afin qu'il n'y ait que le moins possible d'erreurs dans les rôles ; qu'en conséquence, il est naturel, sous ce point de vue comme sous d'autres rapports, que, conformément aux dispositions des lois du 1er brumaire an VII, l'autorité municipale soit appelée à participer aux travaux qui ont lieu pour le recensement et la classification des patentes ;

« Considérant que, si ces opérations étaient exécutées exclusivement par les agents de la direction des contributions directes, il serait à craindre qu'à défaut d'informations exactes, ou par excès de zèle de leur part, beaucoup de taxes ne fussent portées à des chiffres trop élevés et dont le dégrèvement retomberait ensuite sur le fonds des 13 centimes ; que, bien que ce fonds soit affecté d'abord aux décharges et réductions, il ne doit pas être employé à procurer au Trésor des taxes qui seraient dénuées de fondement et dont la rentrée ne s'effectuerait qu'au détriment des attributions qui peuvent être réservées aux communes ;

« Considérant qu'à Paris, le fonds des 13 centimes qui s'élève à plus de 900,000 francs, laisse ordinairement un reste libre de 3 à 400,000 francs, prélèvement fait des dégrèvements et non-valeurs ; mais que pour 1842, les mesures récemment prescrites par M. le Ministre des Finances, en ce qui concerne la contribution des patentes, donnent lieu de craindre que ce fonds ne soit entièrement absorbé par les décharges, et que la caisse municipale ne soit ainsi privée de la ressource importante qui lui revient annuellement sur la contribution dont il s'agit ;

« Délibère :

« M. le Préfet est invité à se pourvoir auprès de M. le Ministre des Finances, et au besoin par toutes les voies de droit, pour que l'impôt des patentes continue d'être établi comme il l'a été jusqu'à ce jour, en exécution de la loi du 1er brumaire an VII, et conformément aux dispositions, tant de l'arrêté du 15 fructidor an VIII, que de l'instruction du 15 vendémiaire an IX. »

A la première lecture, on est frappé par deux expressions de ce document qui ont été bien exploitées par la presse opposante : Les opérations du recensement (en ce qui concerne les patentes) sont INTOLÉRABLES et ANTIMUNICIPALES !

Pourquoi n'avoir pas dit de suite ILLÉGALES : ce mot a du moins un sens dans une discussion de cette nature. Une chose

est conforme à la loi ou lui est contraire ; dites qu'elle est illégale, et prouvez-le ; mais *intolérable ! antimunicipale !* ce sont
là des expressions d'une mauvaise humeur qui ne sait à qui s'en
prendre ; ce sont des mots qui sonnent à l'oreille, mais qui
n'ont aucune signification pour quiconque ne se paie que de
raisonnements sérieux et motivés.

En effet, nous venons de démontrer que le recensement des
patentes et des valeurs locatives des habitations des patentables, se faisait en 1841, comme il s'était fait pendant quarante
ans depuis l'arrêté de l'an VIII, pour un certain nombre de patentables. Rien ne démontre jusqu'ici que le Ministre ait en-
tendu déroger, pour les autres patentables, aux dispositions
des lois de mai 1818 et juillet 1819. A notre sens, ceci est clair
comme le jour par la lecture des textes. Voyons donc où le
conseil municipal de Paris a trouvé une *illégalité,* quoiqu'il
n'ait point osé prononcer ce mot.

« Il est *intolérable,* dit-on, que l'assiette d'une contribution
« si importante soit confiée exclusivement aux agents du fisc. »

« Il est au contraire du plus haut intérêt que l'impôt dont il
« s'agit soit établi avec le concours de l'administration muni-
« cipale, qui peut seule être à même de déterminer les bases de
« cet impôt avec justice. »

Tout cela peut être fort vrai ; tout cela pourrait être dit fort
à propos dans la discussion d'un projet de loi sur les patentes.
Soit ! que l'on se plaigne de ce que l'impôt est mal assis, de ce
qu'il est onéreux ; que l'on sollicite une refonte de la législation sur cette matière, rien de mieux ! Le conseil municipal
de la ville de Paris, ne fait que dire ce que le Ministre des Finances avait déjà énoncé dans son discours du 23 juin, à la
Chambre des Pairs, à savoir, que la loi de brumaire an VII

ne répond plus aux besoins de l'époque, n'est plus en harmonie avec notre industrie, et qu'il faut la réviser. Mais enfin, en attendant, il faut observer la loi existante, tout INTOLÉRABLE qu'elle soit. Or, le conseil municipal n'a oublié qu'une chose, c'est qu'il n'était pas appelé à délibérer sur un projet de loi, mais sur l'exécution d'une loi existante et obéie depuis quarante ans.

Plus loin on poursuit avec le même luxe d'épithètes :

« Que la rigueur dont la circulaire est empreinte, et le sys-
« tème ANTIMUNICIPAL qu'elle tend à consacrer, sont loin de réali-
« ser les améliorations généralement réclamées dans la législa-
« sur les patentes. »

Nous n'avons pas mission de défendre l'esprit ou les expressions de la circulaire : mais nous nous sommes imposé la tâche de prouver, parce que c'est notre conviction, qu'elle était restée dans la stricte légalité. Or, la circulaire, comme on l'a vu, n'est que la reproduction de l'arrêté des consuls de l'an VIII. Elle ne tend pas à *consacrer un système*, mais à faire appliquer une disposition légale. Si dans cette disposition, il y a quelque chose de véritablement ANTIMUNICIPAL, il faut s'en prendre aux consuls de l'an VIII, et non au Ministre de 1841. Mais on conviendra avec nous que l'indignation du conseil municipal de Paris s'est réveillée bien tard; car voilà quarante ans que le système *antimunicipal* de fructidor an VIII est en vigueur à Paris comme ailleurs. Donc à cette seconde épithète, nous répondrons comme à la première, qu'elle ne prouve pas l'illégalité de la mesure. Il faut que le rédacteur de la délibération du conseil se soit un instant cru dans les bureaux de la Chambre, pour se plaindre de ce que *le système de recensement suivi par le Ministre ne réalisait pas les améliorations réclamées.* Est-ce que le Ministre avait le droit de faire une loi sur les patentes, et de changer de sa propre autorité toute la législation existante ? Voyez la singulière contradiction des esprits ! Les uns reprochent au Ministre d'avoir innové et violé les lois existantes ; le conseil municipal de Paris, au contraire, lui dit : « Pourquoi n'avez-vous pas introduit des améliorations ? ce « qui existe est *intolérable, antimunicipal ;* pourquoi ne l'avez-« vous pas changé ? » A voir le pouvoir aussi maladroitement attaqué, cela mettrait de son côté ceux qui n'en sont pas. Comment ! les raisonnements les plus faux, les reproches les plus injustes, sont adressés à un pouvoir qui n'a fait que suivre les règles législatives établies et les errements de ses prédécesseurs ; et voilà que le Conseil municipal d'une grande cité, dans une boutade de mécontentement, au lieu de se poser franchement en adversaire ou en défenseur de la légalité des mesures ministérielles, se plaint de ce qu'elles ne contiennent pas les innovations que d'autres, au contraire, croient y apercevoir, et leur reprochent ! Et voilà cette délibération, qui n'a aucun sens positif dans les considérants ; qui dans son préambule ne peut articuler une illégalité, la voilà qui, dans son dispositif, demande qu'on revienne aux prescriptions de l'arrêté de fructidor an VIII et de la loi de brumaire an VII !

Il y a ici deux contradictions :

En premier lieu, le dispositif de la délibération demande qu'on revienne à la législation antérieure ; et cependant, dans les motifs, on n'a pas établi, on n'a pas même cherché à établir que le Ministre eût dérogé à ces précédents. On s'est contenté de considérations sur les convenances de l'autorité municipale, sur la manière la plus utile de dresser les rôles, etc., etc. ; toutes choses qui sont ici des hors-d'œuvres.

En second lieu, le Conseil demande qu'on revienne à l'application de la loi de brumaire an VII et de l'arrêté consulaire de l'an VIII, et il oublie que l'un avait abrogé l'autre; que, par son art. 9 la loi de brumaire an VII, avait confié aux administrations municipales le recensement des patentes, et que l'arrêté de l'an VIII en a chargé expressément les agents des contributions directes; qu'enfin le classement par les maires, dans les villes, n'a plus lieu que pour les industries désignées dans la loi de 1818, dont nous avons donné le texte page 44.

Le dispositif ajoute que l'impôt des patentes a été établi jusqu'à ce jour, conformément à la loi de brumaire et à l'arrêté consulaire. Cela n'est guère possible, comme nous venons de le voir, puisque la seconde loi a abrogé la première. Mais enfin, si cela avait été, c'est là qu'il y aurait eu *illégalité*, et il serait toujours temps de revenir à l'observation de la loi, en attendant que le législateur introduise dans cette loi les améliorations que le conseil municipal de Paris appelle de ses vœux et de ses délibérations.

Le véritable motif de cette délibération est tout entier contenu dans le dernier considérant. La ville trouvait dans le fonds des 13 c., qui s'élève à plus de 900,000 fr., un reste libre de 3 à 400,000 fr., qu'elle employait à des travaux : cette habitude était douce. Le conseil municipal craint d'être obligé d'employer tout le fonds des dégrèvements à dégrever réellement, au lieu de l'employer à bâtir, et il se courrouce d'avance contre un résultat inconnu, mais pressenti. Voilà le nœud de la question; et pour cet intérêt de localité, on a eu, oserons-nous le dire? l'imprudence de lancer dans le public une délibération qui, à proprement parler, ne contient que deux mots, deux mots sans portée réelle, mais lesquels, relevés par la malveillance, sont devenus une arme déplorable dans les mains de ceux qui vont criant partout : « Voyez et oyez! le conseil municipal de

« la première ville du royaume, déclare le mode des recense-
« ments *intolérable* et *antimunicipal !* »

Pour être juste, il faudrait ajouter aussi : « Il ne l'a pas
déclaré *illégal !* »

Que conclure de tout ceci ? Que tout le monde parle des recensements, et que peu de personnes y entendent quelque
chose ;

Que bien des municipalités ont protesté : c'est très-facile et
bientôt fait ; mais qu'aucune n'a donné une bonne raison ;

Que l'on confond à tort le travail actuel avec celui que doivent faire les répartiteurs communaux ;

Que le recensement actuel des valeurs imposables, fait par
les agents des contributions, doit servir, aux termes des lois,
à éclairer la répartition des degrés supérieurs ;

Que le recensement de ces mêmes matières fait par les répartiteurs communaux, aura seul et toujours force dans les
répartitions intérieures de la commune, et qu'il n'est fait que
pour cela ;

Que la plupart de ceux qui parlent le plus haut sont ceux
qui craignent de payer l'impôt que leurs voisins payaient pour
eux ;

Que, pour discuter une question légale, il ne faut pas citer
seulement quelques textes qui nous donnent raison ; mais les
citer tous, pour que le lecteur, qui juge, puisse voir ceux qui
sont abrogés et ceux qui survivent ;

Que, sous l'apparence d'une question de légalité, se cachent les haines politiques, les besoins d'émeute, les craintes sans motifs, les intérêts de clocher, les questions de popularité et de réélection ;

Que ce qu'il y a chez nous d'hommes de sens, de logique et de raisonnement, de gens vraiment indépendants, doivent juger froidement, et, après avoir jugé, proclamer leur opinion avec fermeté comme avec modération. C'est ce que j'ai voulu faire.

TABLE DES MATIÈRES.

FIN.

* 9 7 8 2 0 1 2 4 7 3 0 9 6 *